성실한 답변

시와반시 기획시인선 038
성실한 답변

펴낸날 | 2025년 11월 30일 초판 1쇄

지은이 | 정이향
펴낸이 | 강현국
펴낸곳 | 도서출판 시와반시

등록 | 2011년 10월 21일 등록(제25100-2011-000034호)
주소 | 대구광역시 수성구 지산로 14길 83, 101-2408호
전화 | (053) 654-0027
전송 | (053) 622-0377
전자우편 | khguk92@hanmail.net

ISBN 978-89-8345-175-0 03810

경남문화예술진흥원
GYEONGNAM CULTURE AND ARTS FOUNDATION

*이 책은 경남문화예술진흥원의 문화예술지원을 보조받아 발간되었습니다.
*이 책 내용의 전부 또는 일부를 재사용하려면 반드시 저작권자와 시와반시사 양측의 동의를 받아야 합니다.
*잘못 만들어진 책은 바꾸어 드립니다.

시와반시 기획시인선 038

성실한 답변

정이향 시집

시와반시

| 차례 |

제1부 복숭아 네 개, 수박 하나

12 편지

14 서머 러브

15 플라스틱 플라워

16 여름 장마

18 진달래

19 산수유

20 4월은 유예 중

22 8월 5일

23 이사하는 날

24 매미

26 복숭아 네 개, 수박 하나

27 기일

28 가을약속

30 보드 콜리

31 연애 다리 문화동

32 감자
33 오후 10시
34 사춘기
35 사과나무
36 설악초
37 에스키스
38 박

제2부 할인마트
40 성실한 답변
42 선물
43 춘복이
44 덜커덕
46 딸아
47 한아름 아파트 사람들
48 물고기 반지

50 통영 정량리 275번지
51 하르키우 정류장
52 법원장터
53 은행나무가 보이는 교실에서
54 삼산면 병산리 003번지
56 무척산 모은암
58 고성터널 1
59 지하철 3호선
60 함안 동신아파트 402호
62 시민극장
64 흥국사
65 리더스 원룸
66 한백마리나 아파트 202
67 할인마트
68 번개시장

제3부 등이 굽은 여자-미리언니

72 대평1길 10 제일건재공구 상사
73 창원 임진각
74 송학리 고분군
75 신안동 현대아파트
76 상복공원에서
77 마산 공원묘지
78 새벽시장에서
80 석장동에서
81 거룩한 무덤
82 양덕동에서
84 발톱
85 서울 달팽이
86 호미의 등
88 큰오빠
90 세 번째 고민

92 12번 버스
94 아버지의 부재
96 바운스 바운스
98 등이 굽은 여자
99 도계동 할머니

제4부 동박새

102 키다리아저씨
103 요시코
104 열쇠
105 밥
106 줄서기
108 집
109 정숙이
110 훈방 조치
112 기월리 할아버지

114 망하는 일

116 타투

117 함안 기동댁

118 아버지제사 2

119 손톱

120 동박새

121 로드킬

122 수선집

123 보이스피싱 2

해설

124 일상의 날들, 시로 쓰는 편지 | 신상조

제1부

복숭아 네 개, 수박 하나

편지

'오랫동안 전해오던 그 사소함으로 그대를 불러오리라'

  살다 보니 생활 문턱에 쪼그리고 앉아
  밥을 먹을 때도
  화장실 들락거릴 때도
  내 주위 기웃거리며
  편지 같은 시를 쓴다

  부산 남구 용소동 78 부산예술회관
  보청기 끼고 안경 너머 작은 눈
  황동규 시인
  검은색 나이 주름을 안고

  처음 만난 그 사람 앞
  생활이 닳은 모서리 붙들고
  나는 책 속에 숨은 문장만 보인다

그가 쓴 시는 팽팽하고
빨랫줄처럼 늘어지지 않고
바람 따라 떠돌다 다시 읽어도
숨 가쁘지 않다
그냥
그냥
속 데우는 굴국밥 한 그릇처럼
해지고 바람 부는 일처럼
그 사소함에 다시 시를 쓰는 일이
좋았다

서머 러브

툭툭 털고 가는 걸음이 빠르다
보랏빛 여름을 보내고
잠시 분홍이었다
밑동이 잘린다
비워진 자리에 사람의 눈길이 오래 머물다
잠시 후
꽃잎처럼 뭉텅 피었다 지고 만다
부음에 놓인 이름
다시 돌아올 것 같은
겹친 꽃잎 울음이 따라간다
텅텅거리는 복도 지나 한쪽
벗어놓은 신발 속 수국으로 꽂혔다

플라스틱 플라워

거울 속에 여자가 산다
거실 식탁 위 여자는
금방이라도 꽃봉오리를 터뜨릴 듯 화사하게 웃는다
곧 외출이라도 할 듯 거울에 비친
표정을 하나씩 고치며 벽시계를 자꾸 올려다본다
아무도 묻지 않았는데도, 저도요 만날 사람이 많아요,
요 앞 카페에 내 친구는 제일 미인이구요,
시내 레스토랑에는 아직도 꽃대를 올리고 있는 친구도 있어요
제가 식탁 위에 있기만 하는 줄 아세요,
거울 속에서 아직도 얼굴을 만지고 있는 여자는
기억의 손을 잡으려고 안간힘을 쓰고 있다
블라인드 사이로 나뭇가지가 휘청 집안을 들여다보며
피식 웃자
거울 속 여자는 식탁 위에서 미동도 하지 않는다

여름 장마

 하나뿐인 이모는 딸 셋 낳고 아들을 얻겠다고 당산을 찾아다니며 얻은 아들이 명환 오빠다. 방학 때였을까?
 함안 읍내 이모 집에서 명환 오빠는 동생 왔다고 나무 장작을 피운 아궁이에 마늘을 넣고 감자를 구웠다

 불길이 닿는 순간 아궁이에서 뛰어나온 쥐새끼 보고 놀란 나는 내가 그렇게 잘 뛰는 것도 몸이 가벼운 것도 벌겋게 타오르는 불 속 빛깔이 노랗다는 것도 처음 알았다
 얼마나 높이 뛰었는지 발목을 삔 것도 나중에 알았다
 생쥐가 징그럽고 아궁이 불쏘시개가 무섭다는 것을 한꺼번에 손에 쥐여 줬다 방학 때만 되면 이모 집에 갔지만 아궁이가 있는 부엌 쪽은 아예 쳐다보지 않고 깨금발로 다녔다
 언제 뛰쳐나올지 모르는 쥐, 불 속 노란빛이 모든

것을 삼켜버릴 것 같은 두려운 이모 집 기억이 나의 머리에 몰래 들어오는 6월이다

　명환 오빠는 마산에 있는 우리 집에 가끔 오다가 마주친 뒷집 영숙 언니와 연애질 끝에 양가 어른들 반대에 부딪쳤다 어른들에게 반항이라도 하듯 우리 집에 오는 날이 잦았다 얼마쯤 지나자, 영숙 언니와 오빠는 음독자살을 했다 첫사랑 영숙 언니는 살아서 나왔고 명환 오빠는 26살 죽음으로 이모 앞에 누웠다

　여름비가 퍼부었던 날
　어머니가 뛰어갔고, 이모가 혼절하던 그리고 옷이 흙탕물처럼 엉망이던 6월이다 나의 기억 속 비 오는 날이면 쥐, 마늘, 감자, 흙탕물 오빠가 찾아온다
　아들을 잃은 이모는 우리를 볼 때마다 비처럼 우셨다
　소설처럼 두껍게 얹은 놓은 기억 속 명환 오빠는 지금쯤 머리가 희끗희끗한 모습일까

진달래

저것 좀 봐

불이 난 것처럼
곳곳에 붙은 눈
봄을 깨우기 시작한다
제 몸을 태우는 저 열기

산수유

하나둘씩 친구들 부음을 듣고
가는 목소리가 앓고 있다

뇌경색으로 중환자실에 들어간 아내
큰방 한쪽 벽만 기대고
또, 혼자
아들이 사다 준 신형 전화기
울리지 않는 전화기
켰다 껐다 고장인가 만지작거린다.
빈집에서
친구들이 보고 싶다
나만 남았네
95세 산수유 입에서 더운 바람
들락날락
내년에도 노란 꽃을 달면 어떡하지

4월은 유예 중

고모는 병을 앓고 요양병원 신세를 졌다
일주일마다 병문안을 오는 고모부
둘은 멀찌감치 앉아 몇 마디 안부를 묻고 잠시 앉았다 간다
손에 들고 가는 요플레 몇 개가 전부다
고모부 넘어져 고관절 골절로
재가 요양보호사 도움을 받는다
고모의 안부는 간혹 자식들로부터 듣는다
요플레만 냉장고에 쌓인다
고모부 봄은 벚꽃과 선망이 함께 왔다
고모만 생각하는 고운 선망
지방에 있는 자식들이 다녀가도 '언제 올래' 하고 말한다
고모가 4월에 돌아가셨다
충격에 선망 증세가 심해질까 봐
알리지 않는 소식이
고모의 유품은 아직 손을 대지 못하고

고모부와 집을 지킨다
너희 엄마는 잘 있나
한번 가 봐야 하는데
요플레 좋아하는데
문지방을 넘지 못하는 4월

8월 5일

짐이 나간 방 안 물걸레질만 했던 날
허전했던 시간을 어떻게 할 줄 몰라
전화기 들고 하루를 보냈다
듬성하게 앉은 이
생니 뺀 빈자리
혀가 걸레질처럼 잇몸을 닦고

붉게 창을 넘어오는 노을
줄줄 흘러내리고
아들은 입대했다

이사하는 날

해묵은 가구들 오밀조밀 붙어있다
우쭐거리고 들어오는 새 가구에 밀려
이곳저곳 밀려다니다
안 되겠어
그냥 버리자
쓰레기 집하장으로 끌려가는 잔 가구들
엉덩이를 밀고 뒤꿈치로 안간힘을 쓰고 있다
저 끄트머리 방 한쪽 손가락을 치켜세우고
안주인이 내어준 자리
비좁은 집에서 켜켜이 짐 가득 채워 한 식구 되고 나니
이제 나가라고 하는 신세다
근근이 얻은 방 한쪽
아직은 쫓겨나지 않았다고
새집에서 딴전을 피우는 노인네
파마머리 제비집을 짓고
안도하는 실눈을 뜬다

매미

창밖 벚나무에 아파트를 짓고 매미가 산다
일 층 매미 김 씨
이 층 매미 박 씨
삼 층 매미 정 씨
일 층 매미 김 씨 술에 취해 흥얼흥얼
오늘 인력 사무실에서 공쳤다
이 층 매미 박씨 명예퇴직을 했다
무슨 일을 해야 하는지 고민이다
매일 부동산 상가 출입이다
삼 층 매미 정 씨는 건축 일을 한다
정부에서 대출 막는다 소리에 욕질이다
매일 밤 죽을 것 같아 소리치고 흔들리는 아파트
옷 벗는 소리
옷 입는 소리
사르륵사르륵
쉬어버린 목소리 들고
수돗물을 튼다

아침은 아무 일이 없는 듯
벚나무는 잎을 털어내고 있다
곧 옷가지를 불에 태우는 일을 볼 것처럼
길고양이는
건너편 주차된 차바퀴 밑
위태로운 아침을 맞는다

복숭아 네 개, 수박 하나

아버지는 지적 장애아들을 데리고
한 달에 두 번씩 공구상사 들러
폐지 박스를 차에 싣는다
아들은 물먹은 파지처럼
멀찌감치 주머니에 손을 찔러 넣고 서 있다
검버섯 뿌려놓은 수박씨 얼굴
등 굽은 아버지
안전띠와 고무 바로 묶인 아들과 박스
둘 다 아버지의 숨통이다
무거운 수박 한 통, 복숭아 네 개
이층 계단에 두고
복숭아는 아들처럼 붉고
수박은 할아버지 닮아 창백하다
두고 간 그림자가 마당 한가운데 떨어져
차바퀴 뒤로 끌려 나간다

기일

오늘 아버지 제삿날
올해부터 제사를 안 지내기로 했다
안부 없이 끊긴 전화기 속 오빠
제사 지내줄 줄 알았던 아들

산 냄새 풀 냄새 풀어놓고
기다리는 까마귀
깎아놓은 과일 입에 대지 않고
삐친 얼굴 시무룩하다
'요즘 다 그래요'
아버지 이제 제삿날 오지 마세요
시간 나면 올게요
이 핑계 저 핑계 대는 입이 운다
해지기 전에 빨리 가라 하시는 손짓
구름이 먼발치 내려다보고
멀리까지 따라오는 까마귀
하늘까지 먹구름이다

가을 약속

앞집 할머니는 방울토마토 농사짓는 아들을 먼저 보내고
비닐하우스 뒤집어 쓰고
며느리와 둘이서 일을 한다
비닐하우스에서 할머니는 꽃을 따고
며느리는 잔가지를 친다
잡풀을 뽑고 아들 생각을 뽑고
유모차 끌고 가는 할머니
윗가지를 치고 남편 생각을 자르는 며느리
해를 끌고 모퉁이 뒤로
두 사람이 나란히 걷는다
방울토마토 조롱조롱 달린 토마토 색은 할머니 울음 빛깔
방울토마토 조롱조롱 매달고 있는 푸른 줄기는
먼저 간 남편에게 보내는 쪽지 글이다
흐르는 눈물을 땀처럼 닦는 걸 서로 모르는 채하기로 한

가을약속

눈이 붉은 토마토

남편 안부처럼 익어간다

보드 콜리

개 한 마리 샀다
까만 눈동자에 흰 머리칼
사람들이 명품이라 말한다
앉아, 손,
개는 관심이 없다
그냥 밥그릇만 핥는다
명품이라고 했는데
진짜가 맞나?
개는 대꾸 없이 개집으로 들어간다
밥도 제때 주지도 않는 주인도 명품이 아닌 줄 아나 보다
누가 누굴 가리키나
다시 콜리 콜리
손! 손! 하고 부른다
개는 손이 없고 발뿐이라 답답하게 짓는다
진짜를 닮은 짝퉁이다
나도 짝퉁 사료를 주었다

연애 다리 문화동

벚꽃이다
목련이다
들썩거리는 심장 소리 들린다
연애 다리를 지나간다
벚꽃에 취한 사람들이 연애를 한다
꽃들이 눈치 없이 핀다
숭숭한 봄 뜰 아래
남자는 여자를 데리고 와서 손을 잡고
밤늦은 꽃불 속에 입술을 내놓는다

감자

아픈 곳이 여기저기 판다
오른쪽 어깨 통증
이 정도쯤이야
파란 싹 올리는 줄기

하루 이틀
돌려지지 않는 어깨에 오십견을 달고

오후 10시

눈 밑 어두운 그림자 달고
우울증이라고 한다
사람이 싫다며
왜 사는지를 내게 묻는 아이
22살
화살나무 가시를 달고 산다
주머니 손을 찌르고
마른 가지에 매달려있다
코밑에 수염 듬성듬성 남자 냄새 달고
불안 강박증 심리 불안증
밤이 짙도록 왜 사는지를 내게 물었다
성모성모성모

사춘기

개집 문을 열었다
개는 쏜살같이 문을 박차고
목줄 거리만큼 뛰었던 하루
다시 돌아오지 않을 것처럼
달아나다
먹다 남은 사료만 빈집을 지키고
밤이 새도록
찬바람만 들락거리고

저쯤 희미한 달이 커다란 꼬리를 비춘다
들어오기만 해봐라

사과나무

꽃인가 이불인가
바람 따라 흔들거릴 때마다
떨어질까 겁난다
간밤에 미운 비 쏟아져
어머니 데려가듯
싹 다 떨어내고
어머니 간 자리에 새잎은
초록이다
초록으로 사는 나는
어머니를 잊고 산 지 오래
밤사이
펄펄 날렸던 하얀 꽃잎
어머니 왔다 간 흔적 찾는다
속치마가 닿는 봄날
나비가 날았다
사과가 열린다

설악초
—박기영 시낭송가

유방암을 앓다 시를 쓰고
두 번째 찾아온 난소암
설악초 모자를 쓰고
퉁퉁 붓는 다리 끌고
50을 갓 넘긴 얼굴
빨간
'아직은 괜찮아요'.
하루의 끝에서 넘어질 듯 넘어질 듯
걸어가는 목발과 다리
빗물 사이 빗물 사이
횡단보도 사선으로
그어진 여자

에스키스

누군가의 뒤에서 밑그림으로 산다
무대 밑에서 움직인다
화려한 커튼을 여는 사람
커튼을 닫는 사람 그림자놀이다
웅크리고 앉아서 세상을 비추는 그림
모두를 무대 위로 끌어올린다
책장 너머 대본을 읽고 있는 나를
나를 닮은 그림자가 끌고 간다

박

지붕 위에서 조롱조롱 달려있어야 할 박
들녘 아무 데나 앉았다
옥색이 눈부시다
제비를 기다리는 박
금은보화가 나올 박이 아니다
박을 버리고 간 엄마를 가두고
속을 내놓지 않는 아이처럼
닫고 있다
기다리는 일이 힘들다는 걸 알아버렸다
36도의 한낮
몸을 문질고 있다
돌처럼 굳어버린 박
입양을 거부한 아이는 들녘에서 파랗게 죽어갔다
딱딱한 입을 다문 채
속살 아프게 하얗다

제2부

할인마트

성실한 답변

어렵게 상가를 지은 남편
특수합판 제작하는 사업가
비싸게 사겠다는 말
등기부터 해주고 대출받아 잔금 치르겠다는 얌체
믿고 등기도장 찍고
다음날 대출해서 달아난 사기꾼 사업가
등을 말고 우두커니 앉은 남편
한숨만 방 안 가득 쏟았다
밥 먹자고 식탁으로 잡아당겼다

광고 뜬 문자
젊은 남자가 귓속에다 바람을 집어넣는다
저리 금리 버팀목이 됩니다
부드러운 말투
바싹 탄 입술이 얹히고
"고객님!"
알집을 깔고

엔터를 치고

일 분이다

탈탈 털린 신상 이력서

허우적허우적

낭떠러지

그 남자는 달달했을까

소파에 엉덩이를 밀어 넣고 있을 때

남편은 경찰부터 불렀다

왜 그랬어요

딱딱한 종이에 진술서를 쓰게 하는 우리 집 남편

달달했던 그 남자

추궁하는 저 남자

경찰부터 부르는 이 남자

선물
―박재영에게

현관문을 열자, 사람이 들어왔다
오래된 편지를 읽는 것처럼
따뜻한 햇살이다
바람, 꽃, 별, 달빛, 안고 온 선물 꾸러미 속
가끔은 나비를 닮았고
가끔은 별처럼 반짝거린다
어머니 마음속에 들어가도 되냐고 물었다
아니 벌써 들어와 버린걸
쉿! 비밀이야
2024년 9월 7일
우리가 함께 써 내려갈 일기장 들고
현지가 따라 웃는다
남편은 슬그머니 입속에서 웃는다
나는 좋은 걸 감추지 못하는 웃음을 들켰다
방문을 열어놓았다
길게 들어오는 햇살이다

춘복이

아이가 웃음을 달고 출렁출렁 뛰어온다
배꼽이 클 것 같은 아이
한 편의 시를 들고
매화 꽃눈처럼 오고 있다

배냇저고리 준비하고
햇볕에 말린 손수건, 한 달 두 달 개고 있다
멀리서 오는 아이 눈을 그리고
저녁을 비추는 노을은 아이 입술을 그리고
달달한 초콜릿 생각하며 코를 그려 넣는 동안
불룩한 배 속에 춘복이, 실룩실룩 발을 빨고 손을 빨고
해바라기 꽃잎 속에 숨바꼭질하는 초음파 사진
삼월 꽃눈을 가지고
12월 올 춘복이
보름달로 차고 있다

덜커덕

아들이 분가했다
혼자서 독립이라고 한다
아파트 분양을 받고
이불도 사고 냉장고도 사고
침대도 사고 세탁기도 사고
나는 아들 집 갈 생각에
반찬이며 먹을 것을 걱정하고
비밀번호를 물었다
어머니 불쑥불쑥 오실까 봐
전화하고 오세요
비밀번호를 주지 않는다
열리지 않는 저 속에
언제쯤 들어갈 수 있을까
덜커덕 소리 없이
오비 공처럼 날아간 헛스윙이다
타수만 또 올라간다

공과 자식은 내 마음대로 되지 않는 걸
어디 떨어졌는지 보이지 않는다

딸아

계절이 가고 봄이 오는 너머 너를 본다
살래살래 스며드는 나의 웃음이
너의 심장 끝에 닿았다
마주 보는 순간에도
거울처럼 서 있기를
돌아가는 뒷모습에 너의 옷깃에 머물기를
바스락거리는 가을 낙엽에도
긴긴 겨울밤 너의 고운이야기
듣고 싶다
엄마가 타박거리며 살아온 일들을
딸에게만 보여 주고 싶다

작은 아이가 작은 아이가
엄마의 길을 따라오는 저것 좀 봐

한아름 아파트 사람들

사십 년 나이, 십 층짜리 나 홀로 아파트
훌쩍 달아난 봄들, 여름, 계절 끝에서
수국은 몸살처럼 드러눕고
코 등에 앉은 안경 너머
떠날 것인지, 남을 것인지
밤마다 읽다만 책처럼 접혀있다

물고기 반지

62세 대장암 4기
서울과 지방병원을 오가며 봇짐이 되어버린
경희는 머리를 깎고도 웃고
두건을 쓰고도 웃는다
카페를 좋아하는 경희는
현숙이, 진희, 명희, 영순이를 찾아
카페라테를 마셨다
눈뜬 물고기가 되어 깜빡거린다
삼일장 발인에
두건도 이제 벗었다
손가락에서
돌고 있는 반지
물고기 다섯 마리
하나, 둘, 셋, 넷, 다섯
진희는 물기를 따라 돌고, 명희는 물속에서 돌고,
현숙이, 영순이는 물고기처럼 돈다
 물거품을 퍼내는 바다

남해안 바다로
경희를 먼저보냈다

통영 정량리 275번지

 빈방 벽에 걸려있는 옷가지들
 청바지와 셔츠, 잠바 방안 짐들
 텔레비전, 컴퓨터, 책상, 의자 주방에는 냄비며, 숟가락, 국자, 싱크대 먼지를 뒤집고 가재도구는 할머니를 기다린다
 아들을 먼저 보낸 노모는 방을 치우지 못한다
 급성 치매로 요양원 가고, 집은 경매로, 아들이 앉은 의자만 기억하는 집
 집에, 집에, 말문을 열었다 닫았다
 화단에 심어놓은 가지, 고추는 탱탱한 햇볕과 버티기로 담벼락을 기어오르고
 길고양이는 할머니 안부를 들고나고
 갈라진 시멘트 사이 할머니가 들고나고
 대문을 열고 들어오는 거미
 꽃상여를 매고 온다

하르키우 정류장

로켓이 지나간 하늘
정류장
아들 손을 놓쳤다
버스가 지나갔다
땅바닥에
아버지가 오열하는 직각소리
더 이상 갈 곳이 없는 사람들
하르키우
하르키우
아들 몸을 덮은 신문지 밑으로 내민 발
손바닥보다 작은 발, 아버지를 붙들고

법원장터

가끔씩
밑 가는 장사가 판을 치는 법원의 장터
장날처럼 펼쳐진 좌판대 위
냉동갈치, 죽은 오징어, 원양 고등어
딱딱하게 얼어있는 생선
수북한 판결문
내리치는 방망이에 애꿎은 것들이
때로는 죽는다

은행나무가 보이는 교실에서
—박태일 선생님

시를 놓고 밥 먹었다
시는 밥 짓는 일
폼 나게 쓰는 시는 죽은 시
시를 놓고 돈가스를 먹었다
경험 시를 죽을 각오로 쓰라고
사물에 눈을 달라고
내 이름에도 눈을 달지 못하는
언어를 붙잡고
눈을 주고 코를 주고 귀를 달아주는 시간
은행나무는 제자리에서 단풍을 입혔다
마라톤만큼 오래 달려야 하는 길에 시가 달렸다

삼산면 병산리 003번지

언덕 돌밭
몇 년을 묵히고 나니
헤집고 사는 잡풀
동생이 마지막 남긴 땅뙈기
하지도 못할 일을 벌여놓고 갔다
나무를 심고 두릅을 심고
자목련도 몇 그루 심었더니
눈치 없는 봄이 찾아온다
주인 없는 밭인 줄 아는지
돌밭에 뿌리는 내리지 못하고
두릅은 주인처럼 죽었다
남편은 괭이 들고
동생 밭이라 자꾸 찾아간다
물 빠질 자리를 놓고
살아서도 속 썩이더니
죽어서도 애 먹이고
밭은 왜 사놓고

자운영 풀꽃을 방석처럼 펴놓고
눈치 없이 형님을 기다린다

무척산 모은암

물먹은 돌계단은 가파른 길을 낸다
구멍이 숭숭 뚫린 바위
모은 암 앞마당에 턱 버티고 누워
바위에 돌로 문질러 파낸
여자 음부 같은 곳
미끄덩거리며 쏟아낼 것 같은 탯줄을 안고
불룩한 배

첫아이 계류유산하고
난임인가 싶은 마음에 무서웠다
아이를 낳고 싶었다
바위틈마다
어미가 되고픈 눈물이 배인
간절한 비손이
파르르 파르륵
아이를 안고 있다

온 산을 덮고 있는 바위
무척산에 아이들이 파란 이끼처럼 수두룩 달려있다

고성터널 1

비가 왔다
유리창을 두드리는 비
갇혀버렸다

속력이 붙은 차
찔레꽃 뭉텅이 뽑혔다
5분 5분
구겨지는 비
마분지처럼 뜯겨나가는 차
부르르 부르르르
터널을 빠져나온다
허탈허탈 소복을 입은 찔레꽃잎
파랗게 질린 연화산
잎이 골절이다

지하철 3호선

주황색 선로를 따라간다
고속버스터미널 잠언 신사역.....
충무로역 내려야 한다
나무 곽에 갇힌 생선
자는 척 눈을 감고 기절해서 가는 가자미
스마트폰으로 시간을 자르는 갈치
혜화 혜화 부르다
지하철 역내 하늘색 선을 밟고
땅 위로 쏟아지는 문어, 망둥이, 전어, 자리돔, 갈치, 가자미
비늘이 벗겨진
신발처럼 닳은 하루를 끌고 집으로 간다

함안 동신아파트 402호

래영이는
힘이 세어서 텔레비전도 밀어버리고
밥상도 엎어버리고
유치원에도 가지 않는다
할머니 뒤꽁무니만 졸졸
밥은 입안에서 오물거리다 뱉어버린다
나뭇잎처럼 말라간다
엄마가 없는 아이

결혼을 하지 않는다고 타박 받던 래영아버지
데리고 온 나이 어린 여자가 낳은 아이
뭐가 잘못되었는지
풀처럼 붙은 시간 앞에서
래영이는 오늘도 힘센 자랑 중이다
장난감을 던지고 신발을 던지고
집 나간 엄마를 던지고 싶은
자폐 아이

빗질로도 쓸어내려도 쓸려가지 않는 노란고집
래영이는 오늘 웃는다
래영이는 금방 큰소리로 집을 떠나보낼 것같이 울다 웃는다

시민극장

토요일 오후 단체관람 영화
'바람과 함께 사라지다'
토요일 수업은 바람과 함께 사라졌다
창동 골목에서 떡볶이 순대를 다 먹어도 1,500원
교복으로 누볐던 창동 골목
잘생긴 남학생, 나이키 신발, 고려당 빵집, 낄낄거리는 웃음이 창동이다
내일은 태양이 떠오를 것 같은
재생 도시로 바닥공사, 페인트 공사를 했지만 놓치고 온 교복, 남학생들
다들 어디로 갔을까
비비언 리도 바람처럼 떠내려간 세월
고려당 빵집에서 팥빙수를 먹었다
이가 시린 나이
누군가를 만나고 헤어지는 길목이 서성댄다
비어 있는 상가에 교복이 걸려있다
극장에 영화가 오르지 않는 시민극장

시민이 사라진 창동
배앓이 중이다

흥국사
―여수에서

여수 바다 파도 소리만 간간이 들린다
여기까지가 바다였던가
수군이 뛰었던 그날
총성이 꽂힌 자리마다
꽃무릇
꽃무릇
잎을 떨구고 꽃송이만 매단
붉은 깃발
바다는 모든 걸 삼키고
바다는 그날의 기억을 내놓지 않고
울고 있는 파도만 달랜다

리더스 원룸

매일 밤 설치는 입대 걱정
날짜는 시계처럼 돈다
가스레인지 음식물 자국 삼 년
콘크리트 원룸 벗어두고
스물둘 빳빳한 얼굴
뒤통수 반질반질
8월 5일 올여름 덥겠다
확 밀어버린 이등병 머리
18개월 십팔 개월
십팔 개월
논산 육군 훈련소
돌아서는 등짝 밑
가는 날까지 '공익 가면 안 돼요' 묻는다
태극기가 바람에 펄럭거린다
큰 바다에 연어를 방류했다

한백마리나 아파트 202

가구 뒤 숨은 먼지로
30년을 버텼다
벗겨진 문틀, 구겨진 필름 자국
하루에도 수십 번 넘어선 문지방
철거한다
문짝을 뜯는다
싱크대를 뜯는다
원고지를 뜯는다
지우개로 문자를 지운다
사는 일이 지우고 뜯는 일이다
살았던 일들은 먼지보다 먼저 현관을 빠져나간다
죽은 사람을
기억 속에 잠그는 일이 쉽지 않은 것처럼
뭉개지는 집을 고친다
계단 끝에서 떨어져 나가는 지난 계절
벽지에 구절초 꽃이 여기저기
피고 피고 피고 하얗다

할인마트

아뿔싸
한숨 풀고 보니
할인마트에서 싸게 산 유통기간 짧은 물건들
간장, 김, 마요네즈 그리고 덤으로 딸려 온 그릇들이 보인다
헐레벌떡
할인된 사람들 속 나도 세로줄로 서고
가벼운 바코드 옷으로
어느 누군가에게는
유통기간이 지난 사람으로
하수구에 쏟아진 간장처럼 버려진다
버려진 자리에 검게 앉은 기억들
수돗물을 틀자 금방 따라 쓸려나가는
참 가벼운 사람들 틈 사이
나도 웅크리고 앉았다

번개시장

좌판에서 생선 배를 가르는 인숙이
붉은 내장을 꺼낸다
소금으로 휘이익 뿌린다
어머니가 살아왔던 길에서 메밀꽃처럼 뿌려지는 소금은
집 나간 아버지를 감금하는 손짓이다
붉은 소쿠리 안고 감자를 파는 인숙이 어머니
붉은 고구마 줄기를 벗기는 손에 물든 세월도
붉다
햇살 좋은 오전은
인숙이 어머니의 땅끝에 머문 시간을 말린다
노점상 하는 어머니 싫다 하던 인숙이는 어머니와 마주하는 곳에서
비린내 나는 생선을 판다
하루 종일 붉은 세상에서
인숙이는 어머니를 데리고
어머니는 인숙이를 데리고

충혈된 저녁 마당이 들어서기까지
곁눈으로 서로를 지킨다
신축상가 계약서에 붉은 도장을 찍었다
그녀들의 닳아진 지문
10년 꼬박 10년이다

제3부

등이 굽은 여자

대평1길 10 제일건재공구 상사

바람을 안고 들어온다
햇볕에 그을린 주근깨 실은 얼굴
작업복 명찰
수인번호처럼 눈에 띈다
저 이름 달고 8시간 달린다
검은 비닐에 담긴 바스락 숨
계단에 딸려 온 안전화 흙발
밥숟가락이다
숭숭 뚫린 유공관 신고
수밀밴드 볼트 조이는 고정시간 계약직
언제까지 버틸 수 있을지
돌아서는 등에 붙은 땀범벅
여름이 안부를 묻자
잇몸이 만개하는 개망초 한 묶음 놓고 간다

창원 임진각

깁스를 한 아이가 문을 열고 들어온다
등을 돌리고 어깨를 움키며 밥을 먹고 있다
옹기그릇에 담긴 소고깃국
어린 콩나물이 뜨거운 국물에 빠져 허우적대는 밥상이다
휴대전화 화면 게임은 꺼지지 않고
혼자 앉은 식탁은 게임방이다
천천히 밥을 밀어 넣는 숟가락
밥알이 떨어지고
깁스한 발목이 식탁 밑에서 푸른 기둥을 감고
국밥도 하나
아이도 하나
덜 자란 목발 하나
어린 콩나물처럼 뜨거운 밥에 빠진 아이
돌아앉은 어깨에 마주한 밥상
빈 의자가 자리를 지키고

송학리 고분군

능선이 푸르다
7기의 고분군 둥근 봉토
굽다리접시, 목이 긴 항아리,
금동 귀걸이, 유리구슬, 장신구, 마구류
은을 새겨 넣은 큰 칼들이 무덤 밖으로 걸어 나온다
도공의 손길에서 출토된 유물
백제, 신라, 일본이 흐르는 시간이 멈추고
고성 송학리 470번지
소가야 왕들이 기침 소리
말안장에서 내려오는 소리
그들이 밟았던 소리

천년의 시간 낙타처럼 오고 있다

신안동 현대아파트

70세 할머니 얼굴
주방 그릇들 굽은 등으로 납작하게 누웠다
망치와 미장 칼 지나간다
수십 번의 망설임에 할까? 말까?
"저 많은 짐들을 어떻게 치워"
현장으로 나와 여기저기 훑어보는 할머니
살날보다 죽을 날이 가까운데
리모델링이 무슨 소용 있을까
'모자이크 벽지는 실크가'
'새 싱크대 보고 가스렌지는 인덕션이가'
죽을 날이 가까운데
더 오래 살고 싶다는 소리다
'이중창이냐고' 묻는다
안경알보다 더 밝게 보이는 바깥세상
금계국처럼 환하게 웃는다

상복공원에서

두 다리 풀고 있는 상주 내려다보고
흰 국화가 환하다
어떻게 갔을까
저 어린 것 두고
저 어머니 두고
저 남편 남겨두고

국에 밥을 말았다
돼지도 죽었다
흰 봉투에 내 이름 적어두고
왔다 간 소식 남기고
2023년 2월 28일

마산 공원묘지

어머니와 나란히 어깨를 올린 사진
아버지 본다
오늘은 누가 왔을꼬
작은딸이네
큰딸은 요즘 왜 안 올꼬
둘이 싸움박질했는지
햇살은 가지 않고 서성댄다
요양원처럼 붐비는 둥근 집
아파트처럼 포개져 늘어난 이웃집
발길 끊긴 자식들 이집 저집 할 것 없이
부모는 살아서도 기다리고
죽었어도 기다리는 일에
말라가는 생화였다

새벽시장에서

근육으로 다져진 매실나무
하늘을 가리는 가지들
구부러진 어린것들이
생겨난 시간을 닦아내고
경매시장을 찾아 나선다.
바닥에 누운 새끼들
볼품없이 쭈그리고 있다가 콩닥콩닥
300kg에 27만 원
매실 망을 뒤집어쓴
여기저기 눈알을 굴리는 새벽
내다 버릴 수 없는
베어 버릴 수 없는
파란 눈들
돌아오는데 자꾸만 눈길이 간다
눈치 없이 달린 저것들
오늘 다 베고 말아야지

손에 들린 것은 톱자루가 아닌
매실 망

석장동에서

경주 쭉 뻗은 도로
밑동이 잘린 논바닥에 겨울이 누웠다
집 나올 웃음이 계단을 오른다
원룸을 둘러보고
언제 이사를 할까
빨리 짐을 싸고 싶은 얼굴

아버지
나 시집갈 때 텔레비전은 20인치하고
냉장고는 300리터 사 갈래
아버지 집에는 칸칸 방도 많았다
하나둘 비는 빈방
아버지 등에서 훌쩍 빠져나가는
투명한 눈물도
이렇게 빠져나갔구나

거룩한 무덤

주방에서 칼 쓰는 솜씨가 예사롭지 않다
문어의 머리를 뒤집고 먹물을 빼고
새우의 머리를 따고
가자미 머리를 자른다
내 손에서 기록된 사건들이 소리 없이 울고 간다
얼마나 많은 죽음을 앞에 놓고 식욕을 당겼을까
문어를 데치고, 새우를 튀기고, 가자미를 굽는
재빠른 손놀림이다
내일 아침 찾아올 검은 영혼들을 달래며
무덤을 차린다
까치가 올 것 같다

양덕동에서

신세계 백화점 뒷골목
백화점으로 들어가지 못한 상점들
서랍처럼 열고 닫는다
사람들이 들어간다
시계방, 김밥집, 양행집, 튀김집, 휴대폰집
깜빡거리는 조명은 밤의 기호처럼 암호를 남기고
눈부신 젊음이 한창이다
족발집 고기는 가지런히 접시에 담겨있고
소주처럼 앉은 사람들
젓가락으로 새우젓을 더듬고
소리는 초록병에 담긴다
여행을 가자고 폰을 켜는 사람들
아이가 취직했다고 하는 사람들
결혼식 날짜를 잡았다고 청첩장을 건네는 사람들
신문활자처럼 빼곡한 문자를 보내고
이면 저면 넘기다가 읽을거리를 놓친 자리에
족발이 놓인다

탈골된 족발 뼈가 밤을 걸어 다니는 골목
신세계에 들어가지 못하는 골목에
신세계 꿈을 꾸는 사람들

발톱

발톱이 두꺼워진다
종일 신고 다녔을 구두 속에서
무디어 가는 발톱은 이를 갈아댔다
무심한 일상이 무너지는 날
누군가 소리 없이 열었을 방문
공격당하고 저격당한 작은 눈을 가진 발톱은
밤새 앓다 빠졌다
이기고 지는 하루를 견디지 못한
아우성은 창틈으로 들어와
작은 눈을 단 발톱 자리
푸른 달이 저문다

서울 달팽이

야근인 횡선 아래 새벽잠을 설치던 일에서
과로로 쓰러진 달팽이
광고 문자 만드는 일 접고 내려왔다

줄자와 노트북 들고
하루 무게만큼 긴 얼굴
열 줄짜리 견적서가 밥줄인데
아직 다섯 줄에서 헤맨다
달팽이는
밤마다 서울 기차를 탄다
두고 온 화곡동 까치산 길
역에서 내려 한참 걸었던 10분
높은 비탈진 서울의 달
여기까지 따라온 줄 모르고

호미의 등

토요일 오후 3시
반장화에 흙 묻은 발
주름살이 박힌 얼굴 들어온다
시멘트 2포, 수도꼭지, 스패너 3만 원이다
할머니가 뒤적거리며 꼬깃꼬깃 돈을 펴고
아들은 물끄러미 다른 물건에 눈을 갖다 놓는다
아들 카드 나오지 않는다
검은 봉지만 만지작거렸다
할머니는 지난겨울에 터진 수돗가 공사를 한다며
찔끔거리는 물이 아깝다고 한다
아들은 '쓸데없는 소리'라고 할머니 입을 틀어막는다
아들을 따라가는 호미 허리가 기억처럼 달랑달랑
장화에 묻은 흙을 떨구고
수도꼭지 목을 비틀 스패너 보고
은색 머리칼이 꼬불꼬불 달려 나간다
수도공사 생각에 뿔이 났는지
늙은 어머니 잔소리에 뿔이 났는지

아들 뒤통수 뽈이 투덜투덜 걸어간다
어머니 죽고 나면 통곡하고 울 것 같은 아들
수돗물 틀 때마다 어머니 생각하겠지

큰오빠

어머니 항아리에는 큰오빠만 들어있다
달걀과 고기반찬이 올려진 밥상
아버지보다 오빠에게 더 기울어진 무게
어머니 속바지에 숨겨진 큰오빠 비자금
든든하다
시집와서 오 년 만에 얻은 아들
하얀 얼굴, 삐쩍 마른 키
한집에 살아도 다른 가족처럼
금을 그었던 어머니
작은 오빠는 화단에 철쭉처럼 심어놓고 손이 가지 않는다
어머니 요양원에서도
오지 않는
윤달 같은 큰아들만 기다린다
무덤가 매발톱꽃 무더기
보라 향으로 떠돌다

아직도 그 아들만 생각하는지
항아리 속 빈 소리만 들고 난다

세 번째 고민

나이 39에 낳은 아들
덤벙대는 모습이 나를 쏙 뺐다
여기저기 흘리고 다니는 양말, 필통, 가방
잘 씻지도 않는 얼굴
여드름이 숭숭 씨앗을 뿌려놓은 것처럼
깨밭이다
손끝에 가시만 박혀도
손가락을 치뜨고 엄살
하루에 한 번씩 전화다
나이 드니 귀찮은 것보다 전화 한 통에도 마음이 닿는다
저것 안 낳았으면 어쩔 뻔했을까
곰이 어슬렁거리며 문을 열고 들어온다
설익은 밥처럼
덜 익은 김치처럼
신맛이다
엄마를 형아보다, 많이 볼 수 없다고 생각하니 눈

물이 난다고
   처음부터 늙은 얼굴만 보았다고 한다
   왜 이렇게 늦게 낳았느냐고!

12번 버스

중리 가는 버스
호계 지나 칠원 쯤 닿아올까
아버지와 떨어져 살았던 초등학교 시절 토요일 오후
어머니가 챙겨주는 김치 보따리 들고
덜컹거리는 버스를 탔다
시큼한 냄새는 버스 안으로 먼저 끼어들고
터덜터덜 터터덜
바깥 공기가 어둑해진 저녁
빽빽한 숲처럼 고인 사람들
컹컹거리며 냄새를 맡았다
12번 버스는
비포장을 달렸다
흙먼지가 부옇게 일어나는 비포장도로
한참을 달리다 선 정류장
검게 서 있는 아버지 보자
쉬이 찔끔 나오는 오줌
버스가 저만큼 돌 때

시원하게 누었던

별빛 오줌

오줌에서도 시큼한 김치 냄새가 났다

아버지의 부재

중풍으로 쓰러진 어머니를 아버지가 모셨다
싱크대 개수대에는 먹다 남은 음식물 너저분하고
빈 그릇 차곡차곡 쌓여있다
싱크대 앞에서 세탁기 앞에서 서성거렸던 날들
조금씩 새어 나오는 수돗물은 그칠 줄 모르고
손끝에서 밀려 나간 살림들
집안 구석 한두 마리씩 늘어나는 초파리
내 안에서 고였던 것들이 밖으로 나온다
아버지 갑자기 떠나시고
흔들리는 시계다
해가 뜨는 쪽도
해가 지는 쪽도
텅 빈 방 안과 거실에 앉은 어머니
어둑 거리는 그림자만 끌고
철커덕 열릴 것 같은 대문 열고
시장에서 돌아오는 소리 끌고
'갈치가 싱싱하더라'

툭 나올 것 같은
아버지만 기다린다

바운스 바운스

새벽을 지르는 전화벨 소리
경찰서에서 걸려 온 전화
말을 더듬었다
간신히 전해오는 아들 이름
온몸이 떨려 바지를 주워 입어도 다리가 들어가지 않는다
아이를 낳고 한기가 들었던 것보다
더 떨고 추웠던 여름밤
세상에 던져진 울음
이미 다 쏟아낸 소리다
고성 가는 길은 가늘고 멀었다
응급실에서 마주한 아들의 모습은 붕대로 싸여진 백합처럼 흔들렸다
다 부서진 다리, 팔이 툭 떨어졌다
두 다리가 펴진 바닥에
응급실 직원은 밀대로 피를 닦아내고 있다
응급차는 대학병원으로 흘러가고

용산 할로윈 데이
아이들은 찢어진 종이꽃이다
잘게 묻었던 울음이 퉁퉁 부은 가슴을 뚫고
앰벌런스 소리는 절벽으로 떨어진다

등이 굽은 여자
—미리언니

그는 61살이다
입가에 패인 보조개 봄이다
박태기나무꽃처럼 붉다
4월이 끝난 목련이 진 이파리를 깔고 끙끙거리다 돌아눕는다
내일이면 죽을 수 있을지 꿈꾸다 잠이 드는 여자
한쪽으로 쏠려버린
척추측만증
꽃구경을 가자고 한다
비뚤어져 운다
저 걸음 위 날리는 벚꽃
봄밤 봄밤
박태기나무꽃, 목련, 벚꽃, 개나리 꽃길
똑바로 걸어가고 싶은 봄

도계동 할머니

보청기를 끼고
매일 오르내리는 계단
삼십 년 지난 돌계단도 힘이 빠지고 있다
재가한 여자
아무도 그 속에 들어가지 못한다
사십에 낳은 아들만 들락거리는 방만 있다
세상과 마주 보며 살자던 전처의 자식 말들
비둘기 밥처럼 부서져
이제 한 마리도 돌아오지 않는 집
낡은 보청기 오래된 친구일 뿐
40에 낳은 아들, 40이 되어간다
어두컴컴한 거실 등, 오래된 장판
이 집에 문패처럼 섰다
금방이라도 무슨 일을 낼 것 같은
보따리 보따리를 끌고 안방으로 치매가 들어간다

제4부

동박새

키다리 아저씨

콩을 심었다
칭칭 감고 올라가는 저 파란 이파리들
매달려있고 감겨있고
떨어질 줄 모른다
키다리 아저씨는
담 너머 봄 구경도 가을걷이에도
콩나무에 콩만 키운다
나무에 벌레가 들었다
방충망처럼 구멍이 난
돌아가지 않은 어깨
벌레가 파먹은 자리다
밤마다 나무가 앓는 소리
사그락 사그락 닳은 소리
진통소염제로 버틴다
키다리 아저씨는
참는 것만 할 줄 안다
돌아가지 않는 어깨를 붙들고

요시코

개양귀비꽃처럼 붉다

자두나무 아래
냉이꽃이 피는 곳에서
눈이 작은 아이
먼바다를 사이에 두고
혼자 술래처럼 뛰어다닌다
까마득한 시간을 겨워내는
붉은 고추와 푸른 모지기
도톰한 대구살 익혀내는
통영 바다
가슴 한복판에
박재성의 아내 이름으로
일몰하는 해처럼
붉은 산이 되어 넘어간다

(극작가 박재성의 아내 『요시코의 편지를 읽고』)

열쇠

돌아가지 못하는 시간
처음부터는 그렇지 않았겠지
들여다볼 수 없는 눈
열리지 않는 마음
두 개의 구멍은 길을 잃었다

밥

쌀을 헹구는 내 손에 따라 오르는 뜨물
식은 밥 서로 엉겨 붙어 굳어간다
타지에 있는 아이
밥은 먹었을까?
밥풀은 깨꽃처럼 날린다
어머니처럼 뜨물로 시래깃국을 끓여보아도
손이 지나가지 않는 밥상
바람 소리 듣고도 내다본다
혹시 올까 싶어
밥통 가득 채워 놓는 우리 어머니처럼
밥통 열었다 닫았다 한다

줄서기

고성 터미널 근처 대형 식자재마트 개업했다
야채코너, 육류코너, 과일코너, 공산품코너
노란 조명 아래 식품들은 뽐내고 과일들은 눈부시게 먹음직스럽다
차들이 빼곡하다
나무가 숲처럼 보인다
한그루가 빠지면 또 한 그루 나무가 들어온다
화장지를 사고 쌀, 두부, 고기까지 일주일 먹고 죽을 것처럼
카터에 가득 담는다
아수라장
어수선한
대열에서 벗어나면 죽는 것처럼 밀려다니는 사람들
병정처럼 카터기를 지키는 전쟁놀이다
나는 쭈글거리는 번데기 깡통을 들고 있다
주름진 번데기처럼 살았던 줄서기
밥을 먹을 때도 줄을 서고

명품관 앞에서도 줄을 서고
화장실 갈 때도 줄 서고
살기 위해 줄을 섰다
죽을 때도 줄을 서야 하는 것이 아닌지
어둑한 밤, 별도 줄을 서고 있다
줄 줄 줄

집

    무릎이 닳아가는 소리
    몽당연필이 긋는 소리
    소리 소리에 층층 올라가는 집
    층층 안에 사는 사람들
    흔적 없이 흉터 없이 서로가 엉킨 힘으로
    등꽃처럼 불을 밝힌다
    가족사진이 걸려있다
    창밖으로 비치는 붉은 전구
    들어가고 싶다

정숙이

사십 대 노안인 줄 알고
안경도수만 자꾸 바꿨다고 한다
야맹증을 모르고 지나온 유년
오십에 넘어온 분홍빛 참꽃 가방 들고
시각장애인 학교 2년제 전문과정 입학
점자 선생님이 된다고
정숙이 웃는다
데려오는 금요일 저녁
바래다주는 일요일 대전 뒷바라지
온통 검은 길만 보이는 눈
남편은
이빨에 금이 간 자리 시려오는 듯
진주 쪽으로 목을 돌려
내 동생 잘할 수 있겠지
김 서방한테 밥 한번 먹자고 전화해
남편의 목덜미가 길게 빠진다

훈방 조치

가로등에 늘어진 몸짓들
차 문을 열고 시동을 켠다
이 저 차 열린 차들을 타 본다
CCTV 속 생쥐 세 마리
어두운 밤 노란불을 켜고 돌아다닌다
여중생 삼인 차량 절도범 검거
그녀들 어머니 죄인처럼 불러와
한숨으로 쓰인 진술서

여고 때 성인 만화책 위에 얹어진 국어책
수업 시간 돌려보다 들켰다
선생님 속인 생쥐 바들바들
참방참방 물소리 나는 화장실 청소
빽빽이 반성문
집에 먼저 온 선생님 전화
죽은 듯 벽장처럼 붙어있었던 나는
훈방 조치였다

마당을 쓸고 계시는 어머니 손이 부들부들
싸리 빗자루 개수만큼 맞았다

기월리 할아버지

예초기 블랙 날 찾는 사람들
장갑 사고, 무릎보호대, 안전안경
팔월 현장 소리
할아버지 들어선다
아들을 앞세우고
예초기 혼다 포 싸이클 찾는다
관리 힘들고 고장 나면 수리비 만만치 않고
무겁다고 말렸다
내가 여태껏 농사짓고 살았는데
주름 소리 짱짱하다
빨갛게 예열 올린 예초기
풀과 전쟁이 끝났다는 할아버지 기세
아들은
실장갑 한 뭉치 들고
풀보다 할아버지 고집 자르고 싶은 걸음이다
내일이면 돌아 올

트럭 구석에 쭈그리고 앉은 예초기
땀 뻘뻘 흘리는 여름 얼굴

망하는 일
—함민복 시인

창동 고려당 빵집에서 빵 굽는 냄새가 쏠쏠하다
허기진 배는 자꾸 아래층으로 달린다
팥빵 비닐을 뜯는 생각
살금살금 베어 먹는 팥빵 냄새만 배를 채운다
이은 살롱에 함민복 시인이 왔다
'라면을 먹는 저녁' 시를 낭송했다
'신문을 펼쳐놓고 라면을 먹는다'
정치면 스포츠면까지 변비약까지 광고로 떠먹는 라면 반찬은 괜찮다 싶다
시인은 "라면 먹는 저녁" 시는 망했다고 한다. 나는 망한 시에 감동을 받고 망한 낭독을 했다
빈속을 채우는 빵 냄새 때문에 배는 외등처럼 흐릿하다
집에 가서 신문을 펼쳐놓고 망한 라면 시를 한 번 더 읽었다
세상에는 망하는 일이 더러 있다
시는 독자를 잡지 못해 망하고, 장사는 손님을 만

나지 못해 망하고, 학생은 시험을 잘 보지 못해 오늘도 망하고, 내일도 망할 것 같은 하루를 기다리며 함민복 시인은 몇 번을 망한 시를 쓰고 바람을 붙잡고 다시 시를 세웠을까

타투

한 뜸씩 바늘로 살점 뜨면서
공격이다
남의 것이 짓밟고 가는 고문이다
적들의 돌진하는 발걸음 소리
아주 천천히
눈썹 위 지나간 그들의 흔적
나의 것은 모조리 점령당하고 그들이 꽂은 깃발 위
나는 적군의 포로로
내 집을 찾아가고 있다
다시 돌아오지 못하는 길에
놓쳐버린 내 것들
어색한 마중으로 나온 얼굴
푸른 길 위에서 찾는 집

함안 기동댁

양파를 깐다
오래되어 축축한 곳을 도려내고
반으로 줄어든 양파의 모양
기동 댁은 빈 가슴 한쪽을 더듬어
여기 이만쯤인가 손끝을 대어본다
소리 없이 앉았다가 돌려진 칼자국
반으로 나누어진 곳이다
아직은 여자인데
주책없다며 웃는다
육십에 뭐 할 일 있다고
그만하기 다행이지
그래도 아직은 목욕은 못가
묻지 않은 대답을 중얼거리는 기동 댁
푹 꺼져있는 가슴 속
비닐하우스
노란 수박꽃이 어제 오늘 다르게 올라와
골마다 줄기를 늘어놓고

아버지제사 2

불룩한 장바구니가 걸어간다
언제 다 하지
걱정이 송곳처럼 찌른다

오토바이 타고 다니시던 길
쑥부쟁이 덮여
길마저 어둡다
프라이팬 나물을 볶는 주걱이 휘이 휘이
뜨거운 기름 튀어
깜짝 놀란다
아버지 벌써 와서 기다리신다
아직 멀었나 12시 넘었다
잔소리, 잔소리
부옇게 떠오르는 두부 탕국

손톱

토요일 오후
밀고 들어간 네일 아트 숍
손을 내밀고 두어 시간 처음 보는 그녀와 나는
쓴맛이 나는 그리고 쿰쿰한 곰팡내까지 맡았다
전세사기, 이중계약서, 누수 되는 가게,
친정살이, 주말이면 아픈 시 어머니 집 청소
그녀의 심장 속에 딱따구리 새
세상 안 작은 손톱 위
톡톡톡 두드린다
두드린 만큼 올라오는 보라보라
손톱 위 그녀가 지나갈 모퉁이
비 새는 집을 고치고
새로 이사 갈 집에서 벽지를 바르고
주말이면 시어머니 집을 빗질하고 있을
딱따구리 걸음 보라색이다

동박새

나무에 숨어있는 동박새
바람 몇 점, 비에 후다닥 젖은 깃털을 말리고 있다
어머니 보내고 아버지도 보내고
나이 어린 시동생 이승을 떠날 시간을 바라보고
진주를 오가는 길에
약 봉투 무게는
이승과 저승길의 저울 눈금이다
먹구름이 뭉치는 날엔
비가 왔다
하늘을 받치는 일은 손가락 열 개도 부족했다
바람을 보내는 일이 익숙해지는 날들
검은 상복을 입은 동박새
눈을 붙였다 뜨는 순간
잠시, 잠시였다.

로드 킬
−초코의 끝

멀리 가지 마
앞만 보고 뛰면 안 돼
눈을 마주했다
등을 쓸어주며 답답하지
문을 열어 운동을 시켜주는 게 아니었는데
대문 틈새 가을을 킁킁 맡고
어미 두고 나간 초코는
자루에 담긴 모습으로 돌아왔다
급하게 먹는 밥, 참을성이 없는 초코
가는 것도 빠르게 갔다
어미의 눈에 그렁그렁 눈물이 숨어있고
내 눈에 그렁그렁 한숨이 엎드리고
텅 빈 밥그릇 초코 목소리가 그렁그렁 담겨지고

수선집

새발뜨기, 공그르기 시침으로
치맛단을 올린다
내 짧은 다리가 길어지는 순간이다
허벅지가 보일락 말락
조금 더 올려주세요
2인치 정도면 될 것 같아요
무릎 위로 많이 올라갈 것 같은데
괜찮아요
치마 밑단
새발뜨기는 살아온 길을 메우고 있다
솔기를 붙들고
잘려 나간 치맛단 사이
아이들이 싹둑 빠져나갔다
비밀번호 꾹꾹 누르고 들어서는 현관
아이들이 벗어 놓고 간 운동화에
눈물이 쏟아졌다
벌써 보고 싶다

보이싱피싱 2

쇼가 없는 노쇼
군부대 중사의 직함을 말하고
무전기를 납품하라고 한다
보이싱피싱 목소리만 들린다
젖은 말들이 땅바닥으로 넘어지고
비가 쏟아진다
호우주의보 경고문자가 뜬다
비는 차오르기 시작한다
하수구를 막고
어디까지 버틸 수 있을까
흙탕물을 헤엄치는 시간
떠내려가는 소처럼
남편이 떠내려간다
허탈허탈 씽크홀이다
일어나지 못하는 나무가 누웠다

|해설|

일상의 날들, 시로 쓰는 편지

신상조 (문학평론가)

1

시를 놓고 밥 먹었다
시는 밥 짓는 일
폼 나게 쓰는 시는 죽은 시
시를 놓고 돈가스를 먹었다
경험 시를 죽을 각오로 쓰라고
사물에 눈을 달라고
내 이름에도 눈을 달지 못하는
언어를 붙잡고
눈을 주고 코를 주고 귀를 달아주는 시간
은행나무는 제자리에서 단풍을 입었다
마라톤만큼 오래 달려야 하는 길에 시가 달렸다
　　　－「은행나무가 보이는 교실에서」 전문

이 시는 정이향 시의 정체성과 시인이 시도하는 시적 방법론의 출발점을 암시한다. 그에게 시는 밥 먹으면서 밥하는 일이다. 우리는 흔히 밥 먹고 공부만 한다거나, 밥 먹고 일만 한다고 이야기한다. 공부나 일이라는 목적보다 우선하는 밥. 공부든 일이든 그 목적을 위해서라도 반드시 필요한 밥. 그러므로 "시는 밥 짓는 일"이라는 말에는 어떤 결과로 이어지지 않더라도 시를 쓰는 행위만으로도 이미 충분하다는 의미가 내포되어 있다. 이를 '소위 예술을 위한 예술이라는 관념'과 동일시하지는 말아야 한다. 앙투앙 콩파뇽이 지적했다시피, 점점 더 실용주의적이 되어가는 이 세계, 점점 더 물질주의적이 되어가는 우리 삶에, 전혀 쓸모없는 예술이 있다는 건 좋은 일이라는 식의 생각은 지나치게 도덕적이다. 정이향의 시는 "다른 삶, 삶 밖의 삶, 세계 밖의 삶"이 아닌 삶과 다르지 않은 시, 세계 내의 삶인 시를 추구한다.

"시를 놓고 밥 먹었다"와 "시를 놓고 돈까스를 먹었다"는 대비된다. "밥 짓는 일"과 상반되는 게 "폼 나게 쓰는 시"고, 그것은 "죽은 시"다. 그런즉 "경험 시를 죽을 각오로 쓰라"라는 대목은 시가 '밥'이 아닌 '돈까스'가 되어서는 안 된다는 반성을 전제한다. 이는 시를 전심으로 대하는 마음을 나타내는 동시에 2000년대 이후에 등장한 새로운 시적 성향과 감수성의 혁명을 거부하는 우회적 언술이다. 아마도 "선생님"의 영향 때문이 아닐까 싶다. 시인에게 시를 가르친 박태일 교수는 삶의 현장을 생생히 드러내는 시를 선호하고 사물에 눈과 귀와 코를 달아주라는 가르침을 강조한 모양이다. 전자가 현실 경험을 벗어나지 않는 시에 가치를 둔다면, 후자는 시적 대상이 드러내는 이미지를 구체화하여 감각화된 삶의 현장을 소환하려 한다.

"은행나무는 제자리에서 단풍을 입혔"고 "마라톤만큼 오래 달려야 하는 길에 시가 달렸"다는 문장은 시인이 사물에 눈을 달아주기 위해 언어를 붙잡고 오고 간 거리와 씨름한 시간을 암시한다. 그것이 '다시' 단풍이 물들기까지의 일 년이라는 시간과 마라톤 거리인 45.195킬로미터의 물리적 숫자로 치환될 리는 만무하다. 해가 바뀌고도 한참을 더 그렇게 시를 배우고 창작하며 달리는 동안, 시인은 시라는 세계 속에서 홀로 고립된 존재로 축소되거나, 건널 수 없는 시적 심연 앞에서 작은 조각처럼 흩어진 존재로 외롭고 쓰라렸으리라.

현실 경험을 벗어나지 않는 정이향 시의 속성은

첫 번째로는 시공간과 인물의 구체성으로 드러난다. '8월 5일', '오후 10시', '문화동', '통영 정량리 275번지', '하르키우 정류장', '법원장터', '삼산면 병산리 003번지', '무척산 모은암', '고성터널', '함안 동신아파트 402호', '시민극장', '홍국사', '리더스 원룸', '한백마리나 아파트 202', '대평1길 10 제일건재공구 상사', '창원 임진각', '송학리 고분군', '신안동 현대아파트', '상복공원' '마산 공원묘지', '석장동', '양덕동', '기월리', 등이 제목에서 뽑은 구체적 시공간이라면 '춘복이', '한아름아파트 사람들', '큰오빠', '도계동 할머니', '요시코', '기월리 할아버지', '정숙이', '함안 기동대'은 시인 주변에서 살아갈 법한 구체적 인명이다. 이와 같은 시공간과 인명은 삶의 현장을 중요시하는 시인의 의지를 드러내는 시적 대상들이자 정이향 시의 구성 원리와 본질을 수렴하는 장치들이라고 할 수 있다. 이러한 특성은 제목뿐 아니라 시의 내용에서도 확인된다.

'오랫동안 전해오던 그 사소함으로 그대를 불러오리라'

살다 보니 생활 문턱에 쪼그리고 앉아
밥을 먹을 때도
화장실 들락거릴 때도
내 주위 기웃거리며
편지 같은 시를 쓴다

부산 남구 용소동 78 부산예술회관
보청기 끼고 안경 너머 작은 눈
황동규 시인
검은색 나이 주름을 안고

처음 만난 그 사람 앞
생활이 닳은 모서리 붙들고
나는 책 속에 숨은 문장만 보인다
그가 쓴 시는 팽팽하고
빨랫줄처럼 늘어지지 않고
바람 따라 떠돌다 다시 읽어도
숨 가쁘지 않다
그냥
그냥
속 데우는 굴국밥 한 그릇처럼

해지고 바람 부는 일처럼

그 사소함에 다시 시를 쓰는 일이

좋았다

―「편지」전문

  주지하다시피 '오랫동안 전해오던 그 사소함으로 그대를 불러오리라'는 황동규 시인의 시 '편지'에 나오는 문장이다. 시인은 그이의 시를 빌려오되 '불러보리라'를 '불러오리라'로 살짝 바꿔서 시의 도입부로 차용하고 있다. 그렇게 시인은 그날의 장소와 이야기를 불러'온'다. 2연에서는 시를 중심으로 돌아가는 시인의 일상이 드러난다. "내 주위 기웃"거린다는 건 시의 소재를 현실에서 찾는다는 것이고, "편지 같은 시"라는 표현은 그의 시가 자기 고백적이라는 의미다.

  3연과 4연에서는 황동규 시인의 강연에 참가한 경험을 토대로 시의 본질을 사색하는 데까지 나아간다. "부산 남구 용소동 78 부산예술회관"은 시인이 황동규 시인의 문학 강연을 접한 곳이 어디인가를, "보청기 끼고 안경 너머 작은 눈"은 강연하는 시인의 최근 모습을 재현하고 있다. "속 데우는 굴국밥 한 그릇"은 황동규 시인의 시에 관한 정이향 시인의 개인적 감상을 요약한 표현이다. 시인은 그의 시가 팽팽하면서도 빨랫줄처럼 늘어지지 않고, 바람 따라 떠돌다 다시 읽어도 숨 가쁘지 않다고 부연한다. 이러한 감상을 짚어봄은 정이향 시의 지향점을 해석하는 데 전제가 되어서이다.

시공간과 인명의 구체성과 더불어 전통 서정의 감수성에 대한 시인의 이 같은 편애는, 일상적 삶의 애환을 진술하게 노래하려는 작가 의식을 대변한다. 시를 쓰는 '나'에서 출발해서 '시를 쓰는 일이 좋은 나'로 회귀하는 시상의 진행 과정 안에 시의 본질에 대한 탐구가 이루어진다. 결국 그에게 시란 '편지 쓰기'다. 잘 지내시나요? 요즘 뭐 하고 지내세요? 라며 타자의 안부를 묻고 자기 근황을 전하는 따뜻함으로 정이향의 시는 귀결된다.

2

현실 경험에 충실한 정이향 시의 두 번째 속성은 풍부한 서사다. 「번개시장」에서 화자는 집 나간 남편을 대신하느라 좌판을 편 채 감자를 팔고 고구마 줄기를 벗겨 팔던 '인숙이 어머니'와, 그런 "노점상 어머니가 싫다 하던" 인숙이 어쩌다 어머니를 마주 보는 자리에서 생선을 팔게 된 사연을 들려준다. 억척스러운 모녀의 고생은 헛되지 않아서, "곁눈으로 서로를 지킨" 지 10년 만에 "신축상가 계약서에 붉은 도장을 찍"는 날이 온다. 화자는 그때의 감격을 "10년 꼬박 10년이"라는 다소 격앙된 어조의 반복을 통해 표현한다.

개중에서도 어떤 서사는 '주름'의 특징이 도드라진다. 예컨대 나무의 나이테는 "시간의 누적이며 힘의 축적이다." 시간이 지나간 흔적이 우리의 얼굴에 주름살을 남기듯이, 과거는 '있었던 사건'이나 '지나간 시간'이 아니라 지극히 수축된 주름의 형태로 실존하는 "현행적 과거"다. 정이향의 시는 그 주름이 모종의 계기를 통해 활짝 펼쳐지는 순간에 발생한다. 주름 잡힌 서사는 때로, 죽음에 그 뿌리를 내린다. 이는 분홍을 꽃피웠던 식물의 "밑동이 잘"리고, "비워진 자리에 사람의 눈길이 오래 머"(「서머 러브」)무는 것과 같은 이치다.

> 하나뿐인 이모는 딸 셋 낳고 아들을 얻겠다고 당산을 찾아다니며 얻은 아들이 명환 오빠다. 방학 때였을까?
> 함안 읍내 이모 집에서 명환 오빠는 동생 왔다

고 나무 장작을 피운 아궁이에 마늘을 넣고 감자를 구웠다

　불길이 닿는 순간 아궁이에서 뛰어나온 쥐새끼 보고 놀란 나는 내가 그렇게 잘 뛰는 것도 몸이 가벼운 것도 벌겋게 타오르는 불 속 빛깔이 노랗다는 것도 처음 알았다

　얼마나 높이 뛰었는지 발목을 삔 것도 나중에 알았다

　생쥐가 징그럽고 아궁이 불쏘시개가 무섭다는 것을 한꺼번에 손에 쥐어 줬다 방학 때만 되면 이모 집에 갔지만 아궁이가 있는 부엌 쪽은 아예 쳐다보지 않고 깨금발로 다녔다

　언제 뛰쳐나올지 모르는 쥐, 불 속 노란빛이 모든 것을 삼켜버릴 것 같은 두려운 이모 집 기억이 나의 머리에 몰래 들어오는 6월이다

　명환 오빠는 마산에 있는 우리 집에 가끔 오다가 다 마주친 뒷집 영숙 언니와 연애질 끝에 양가 어른들 반대에 부딪쳤다 어른들에게 반항이라도 하듯 우리 집에 오는 날이 잦았다 얼마쯤 지나자, 영숙 언니와 오빠는 음독 자살을 했다 첫사랑 영숙 언니는

살아서 나왔고 명환 오빠는 26살 죽음으로 이모 앞에 누웠다

여름비가 퍼부었던 날
어머니가 뛰어갔고, 이모가 혼절하던 그리고 옷이 흙탕물처럼 엉망이던 6월이다 나의 기억 속 비 오는 날이면 쥐, 마늘, 감자, 흙탕물 오빠가 찾아온다
아들을 잃은 이모는 우리를 볼 때마다 비처럼 우셨다
소설처럼 두껍게 얹은 놓은 기억 속 명환 오빠는 지금쯤 머리가 희끗희끗한 모습일까
―「여름 장마」 전문

6월, 여름 장마로 촉발된 화자의 기억은 "쥐, 마늘, 감자, 흙탕물, 오빠"라는 주름으로 다가와 어둡게 펼쳐진다. 이 중에서도 이종사촌인 명환 오빠의 자살은 자식에 대한 부모의 맹목적 사랑에 맞선 젊은 연인의 눈먼 사랑이라는 '로미오와 줄리엣' 식의 사연으로 자칫 소모될 법하다.

그러나 시는 "동생"이 "왔다고 나무 장작을 피운 아

궁이에 마늘을 넣고 감자를 구"워 주던 오빠에 대한 훈훈한 추억과 "불길이 닿는 순간 아궁이에서 뛰어나온 쥐"의 끔찍한 기억에 집중한다. 그로 인해 생겨난 감각과 정서를 바탕으로 명환 오빠의 자살이라는 사건이 시인을 날카롭게 찌른다. 흔한 기억으로서의 스투디움(Studium)이 아니라 푼크툼(punctum)으로서의 시다. 불 속 노란빛이 모든 것을 삼켜버릴 것 같다는 이모 집에 대한 화자의 "두려움"은, 아궁이에서 쥐가 뛰쳐나와서 놀랐던 사건과 명환 오빠의 자살로 인한 충격이 삼투되어 화자의 의식을 뚫고 나오는 무의식이라고 할 수 있다. 서정은 '기억의 회로'를 내장하고, 그것의 형식은 '주름'이다. '명환 오빠-존재-했음'이라는 상실의 강도가 화자의 시적 정서를 만든다. 다시 말해 "비처럼 우"는 이모의 정서가 정이향 시의 공간이며, 그의 시란 명환 오빠의 자살이 빚은 이모의 고통과 회한에 공명하는 '타자의 자리'임을 알려준다.

> 고모부 봄은 벚꽃과 선망이 함께 왔다
> 고모만 생각하는 고운 선망
> 지방에 있는 자식들이 다녀가도 '언제 올래' 하

고 말한다

고모가 4월에 돌아가셨다

－「4월은 유예 중」 부분

아버지는 지적 장애아들을 데리고

한 달에 두 번씩 공구상사 들러

폐지 박스를 차에 싣는다

아들은 물먹은 파지처럼

멀찍감치 주머니에 손을 찔러 넣고 서 있다

－「복숭아 네 개, 수박 하나」 부분

어렵게 상가를 지은 남편

특수합판 제작하는 사업가

비싸게 사겠다는 말

등기부터 해주고 대출받아 잔금 치르겠다는 얌체

믿고 등기도장 찍고

－「성실한 답변」 부분

62세 대장암 4기

서울과 지방병원을 오가며 봇짐이 되어버린

경희는 머리를 깎고도 웃고

두근을 쓰고도 웃는다

　　　　　　　　　-「물고기 반지」 부분

　정이향의 시는 타자 중심적이다. 그에게 시는 타자를 인식하는 수단이자, 하루하루의 삶을 인식하는 수단이다. 시적 대상의 이면에 감춰진 의미를 사유함으로써 우리의 삶과 세계를 현전케 하는 것이 문학이라고 했을 때, 인용 작품 중에서 비유에 의한 시적 언술이 이루어진다고 할 수 있는 것으로 「복숭아 네 개, 수박 하나」가 유일하다는 점은 짚어볼 일이다. 짧은 시에서 많은 서사를 전달하려면 묘사 대신 진술이 이루어질 수밖에 없고, 감각적 수사와 일정한 거리를 둔 채 시인의 사유를 중심으로 제시되는 시적 진술은 일반적으로 해석과 통찰이라는 특성을 나타내기 때문이다.
　「4월은 유예 중」의 '고모부'는 지극한 부부애로도 극복하지 못하는 늙음과 죽음이라는 인간 한계를, 「성실한 답변」의 '남편'은 남의 말을 덮어놓고 믿는 성격이 만들어가는 치명적 운명을, 「물고기 반지」의 '경희'는 고통을 적극적으로 수용함으로써 존엄성을 포기하지 않는 삶의 눈물겨운 의지를 제시한다. 이는 시적 대상과 정황 모두에 느낀 시인의 감정과 사유이

나, 시인은 직설적인 일상어로 전달하지 않고 언어화된 시적 언술 안에 그 의미를 숨긴다. 시인의 감정과 사유는 "고모만 생각하는 고운 선망"으로, "어렵게 상가를 지은 남편"이나 "머리를 깎고도 웃고/두근을 쓰고도 웃는" 모습으로 우회적인 양상을 띤다. 진술을 통한 감동과 깨달음의 깊이야말로 정이향의 시가 가진 넉넉한 진폭이다.

  비유나 상징이 작동하는 대신 시인의 음성을 통해 독자에게 전달되는 사연은 사실적이고 현실적인 시적 대상이자 정황이다. 그렇더라도 필자가 임의로 밑줄 친 부분에서 드러나듯, 정이향 시의 문장은 진술에 묘사적 감각을, 묘사적 감각에 진술을 내장한다. 「번개시장」의 경우, 인숙이 "생선 배를 가르"고 그 위에 뿌리는 소금은 "어머니가 살아왔던 길"의 "메밀꽃"이거나 "집 나간 아버지를 감금하는 손짓"이고, "햇살 좋은 오전"이 "인숙이 어머니의 땅끝에 머문 시간을 말린다"와 같은 문장은 '땅끝'과 '말린다'의 함축성으로 말미암아 지시적 의미와는 다른 우회적 발화 방식으로 작동한다. 또한 40년 된 아파트 주민들이 "떠날 것인지, 남을 것인지"를 갈등하는 일은 "밤마다 읽다 만 책처럼 접혀 있"(「한아름 아파트 사람들」)는 것으로 표현된다. "유방암을 앓다 시를 쓰는" 어떤 시인은 "횡단보도 사선으로/그어진"(「설악초」) 존재고, 고단한 노동자의 작업복에 붙은 "명찰"은 "수인번호처럼 눈에"(「대평1길 10 제일건재공구상사」) 띄기도 한다. 다음 시는 어떠한가? 러시아와 우크라이나 전쟁의 개전 첫날 전투가 벌어졌던 '하르키우'는 마치 미니멀리즘 예술처럼 "손바닥보다 작은 발"이라는 참혹한 사물만을 남긴다.

> 로켓이 지나간 하늘
> 정류장
> 아들 손을 놓쳤다
> 버스가 지나갔다
> 땅바닥에
> 아버지가 오열하는 직각소리
> 더 이상 갈 곳이 없는 사람들
> 하르키우
> 하르키우
> 아들 몸을 덮은 신문지 밑으로 내민 발
> 손바닥보다 작은 발, 아버지를 붙들고
> ―「하르키우 정류장」 전문

3

 정이향 시에서의 사실적이고 현실적인 시적 대상과 정황은 파편적으로 드러나는 경향이 강하다. 따라서 단편적 경험·감상·사유·인식 등으로 형상화된 개개의 작품을 모아놓았을 때 퍼즐 조각처럼 하나의 상(象)으로 결합하는 형태를 띤다. 가령 「덜커덕」과 「리더스 원룸」과 「8월 5일」은 독립하겠다며 리더스 원룸으로 8월 5일 분가한 아들이 입대하기까지의 과정이 한눈에 그려지는 작품들이다. 세 작품 모두에 등장하는 주인공은 화자가 "나이 39에 낳은" 막내로, "엄마를 형아 보다, 많이 볼 수 없다고 생각하니 눈물이 난다"며 "왜 이렇게 늦게 낳았느냐고!"(「세 번째 고민」)고 투정도 감동적으로 부릴 줄 아는 셋째 아들이다. 「산수유」와 「4월은 유예 중」은 화자 고모와 고모부가 노년에 접어든 모습을 그려볼 수 있는 조각들이고, 「기일」과 「큰 오빠」를 조합하면 장남만 끼고돌던 가부장제의 모자 관계가 더욱 선명해진다.

 정이향의 시는 서로 관계하고 연결되면서 하나의 일관된 서사로 형성되는 특징을 갖는다. 마찬가지로 우리는 몇몇 작품을 통해 본래적 의미의 모자이크로

또렷이 형성되어가는 시인의 자화상을 읽는다.

>아뿔싸
>
>한숨 풀고 보니
>
>할인마트에서 싸게 산 유통기간 짧은 물건들
>
>간장, 김, 마요네즈 그리고 덤으로 딸려 온 그릇들이 보인다
>
>헐레벌떡
>
>할인된 사람들 속 나도 세로줄로 서고
>
>가벼운 바코드 옷으로
>
>어느 누군가에게는
>
>유통기간이 지난 사람으로
>
>하수구에 쏟아진 간장처럼 버려진다
>
>버려진 자리에 검게 앉은 기억들
>
>수돗물을 틀자 금방 따라 쓸려나가는
>
>참 가벼운 사람들 틈 사이
>
>나도 웅크리고 앉았다
>
>―「할인마트」전문

시에서 화자를 나타내는 보조 관념들은 낡거나 싸구려인 물건들에 비유된다. 그는 자신을 유통기간이

얼마 남지 않아 "할인"이 되거나 "덤"으로 얹어주는, 혹은 아예 유통기한이 지나 "하수구에 쏟아" 부은 "간장처럼 버려"지고 "수돗물을 틀자 금방 따라 쓸려 나가는" 폐기물과 같은 존재로까지 표현한다. 효용성을 상실한 사물들 모두가 "꽃대를 올"릴 가능성 없이 "기억을 잡으려고 안간힘을 쓰는"(「플라스틱 플라워」) 낡은 조화처럼 하찮다는 점에서 화자의 초상은 얼마간 비참하다.

하지만 이는 화자의 자기 인식이 아니라 외부의 시선이 금 그은 섣부른 판단일 따름이다. 이 시는 "어느 누군가에게는" 그런 모습으로 보인다는 진술로써 '어느 누군가에게만' 그렇다는 항변을 우회한다. 이는 점점 나이가 들어가는 물리적 현실을 회피하지 않고 대면하겠다는 의지를 반영하는 것이기도 하다. 다음 시는 화자의 은근하고도 확고한 자기 긍정을 담아내고 있어 「할인마트」와 대조를 이룬다.

> 누군가의 뒤에서 밑그림으로 산다
> 무대 밑에서 움직인다
> 화려한 커튼을 여는 사람
> 커튼을 닫는 사람 그림자놀이다

> 웅크리고 앉아서 세상을 비추는 그림
>
> 모두를 무대 위로 끌어올린다
>
> 책장 너머 대본을 읽고 있는 나를
>
> 나를 닮은 그림자가 끌고 간다
>
> ―「에스키스」 전문

'에스키스(esquisse)'는 소묘(素描)나 스케치를 일컫는 프랑스 말이다. "누군가의 뒤에서 밑그림으로 산다"와 "무대 밑에서 움직인다"라는 시행으로 미루어, 화자는 자기 역할이 누군가를 빛나게 하기 위한 기초('밑그림')이거나 자기를 보이지 않는 곳('무대 밑')에서 움직이는 존재라고 생각하는 듯하다. 화자는 화려한 무대의 시작과 끝을 책임지지만, 그의 행위는 관객에게는 보이지 않는 "그림자놀이"와 같다. 한마디로 그는 연출가인 동시에 조력자고 비가시성으로 존재하는 숨겨진 힘이다. "웅크리고 앉아서 세상을 비추는 그림"이라거나 "모두를 무대 위로 끌어올린다"란 표현은 앞선 내용과 더불어 굉장한 자기 긍정이라고 할 수 있다. 비록 웅크린 자세를 취하기는 하나, 그가 빛의 반사체 역할을 담당하지 않는다면 다른 사람들이 무대(세상)의 중심에 설 수 없기 때문이다.

독백과 묘사가 혼합된 형식의 「에스키스」는 현실과의 관계성에 해당하는 화자의 무의식을 드러내는 작품이다. 자신이 낮아짐으로써 타인을 높이는 화자의 이타성은, 시의 후반부에 이르러 "책장 너머 대본을 읽고 있는 나를" 끌고 가는 "나를 닮은 그림자"로 인해 분열증적 주체를 노출한다. 주체는 대본을 읽는 자아와 그러한 '나'를 닮은 그림자 자아로 분리되어 있다. '대본을 읽고 있는 나'가 삶을 계획하고 역할을 숙고하는 수동적 자아라면, '나를 닮은 그림자'는 망설이는 자아를 이끌어 계획을 실행하는 능동적 자아다. 시의 결국은 '나'를 '나와 닮은 그림자'가 끌고 감으로써 숨겨진 노력과 헌신이 현실을 움직이는 실체임을 드러낸다.

정이향의 시는 일상성에 발을 깊이 담그고 있다. 시인은 현실 경험을 벗어나지 않는 시에 가치를 둠으로써 삶과 다르지 않은 시, 세계 내의 삶인 시를 추구한다. 일상적 삶의 애환을 진솔하게 노래하려는 작가 의식은 구체적 시공간과 인명, 주름을 가진 풍부한 서사를 통해 이뤄진다. 현재 · 현실 · 인식에 충실한 문학은 과거 · 꿈 · 무의식과 거리를 둠으로써 전체적으로

순화되고 편안한 느낌의 서정으로 스며든다. 무엇보다 정이향의 시는 우리의 "심장 끝에 닿"는 "웃음"이거나 마주 비추는 "거울처럼 서 있"으면서 '너'의 "고운 이야기"(「딸아」)에 민감한 귀를 가졌다. 브레이크도 없이 과속으로 달려가는 우리의 허기를 위해, 위로의 밥을 짓는 그의 안부는 오늘도 계속되는 것이다.